지금은,

지금이 아름답다

윤 여 시집

지금은, 지금이 아름답다

초판 발행　 | 2023년 10월 25일
개정판 발행 | 2024년　4월 15일

저　 자 | 윤　 여
펴낸이 | 강용혁
펴낸곳 | 북비스타
출판사등록 | 2023년 3월 30일 (제2023-000031호)
주　 소 | 경기도 부천시 지양로158번길 63-3 B02호
전　 화 | 032-663-7700
이메일 | bookvista01@gmail.com

ISBN | 979-11-982865-2-9 (03810)

ⓒ 2024. 윤　 여 All rights reserved.

이 책은 저작권법에 의해 보호를 받는 저작물이므로
무단 전재와 복제를 금합니다.
잘못된 책은 구입하신 곳에서 바꿔 드립니다.

지금이 아름다운 건
어제의 축軸이기 때문이고,

지금이 행복인 건
내일의 희망이기 때문이다

차례　　　　　지금은, 지금이 아름답다

1부　사랑해, 언제든 그 자리에 있을게

아직은 봄의 어느 오후　11
누운 나무　12
사랑해, 언제든 그 자리에 있을게　14
시소　16
지게　17
43년　19
해바라기　20
더럭비　21
매듭　22
해로　23
문풍지　24
부처　25
나팔꽃　26
붕어　27
제주 보름달　28
미래　29

2부 신의 문

바다의 마음 33

낮달 34

검은 천당 35

돌 37

제주 올레 39

가루비 40

제주 거슨새미오름 41

신의 문 42

사촌 형님 45

섭지코지 47

섭지오름 48

세 번째 제주의 여름 49

북살롱 이마고 51

영갑이 형 54

군식구 55

백세 꽃 58

꽃 60

속마음 62

여 63

3부 유토피아

유토피아 67

실비 68

비온 뒤 한라산 69

어느 날의 제주 광양사거리 70

서서 자는 말 1 72

서서 자는 말 2 73

서서 자는 말 3 74

들불 놓기 75

기백 76

남자의 눈물 77

통풍 78

그 수고함에 대하여 79

환경대사 80

꽃샘추위 81

다랑쉬오름에서 바라본 오름들 82

어느 날의 제주 신양리 해수욕장의 봄 바다 83

바다의 말 86

무제 88

4부 시詩몽

깜박 잠 93

시詩몽 94

능소화 95

우체통 96

인생 97

사랑 98

가假꽃 100

단풍 101

ㅅㅏㄹㅁ 102

바람 103

오늘의 일정 104

버스 안에서 106

조릿대 107

주술 108

너의 눈물 110

지구 112

도서관 컴퓨터 앞에서 114

'이인증' depersonalization, 離人症 115

5부 민들레 여행

아이 시선 119
민들레 여행 121
무궁화 꽃이 피었습니다 123
타산지석 125
물바람 126
사랑이 있었음을 127
사만이 128
버스 승차 131
공 133
Live 134
하나 136
제 남자가 138
수목장 140
된장국 141
희망 143
그의 사랑 144
트랙 146
두고 가는 별 148
시간 150

사진 출처 153

1부

사랑해, 언제든 그 자리에 있을게

아직은 봄의 어느 오후

자리를 비워 준 봄
나도 아직은 괜찮다는 여름

중립 노선

자신을 떨군 봄이 청초롬하다

덥석 물지 않은 여름이 여유롭다

반 발 거둬들인 봄
반 발 들이민 여름

반 보의 미덕이 빚어낸
봄과 여름 사이

누구라도 등 따신 오후다

누운 나무

바람을 머리에 두고 누운 나무
감히 하늘을 우러르지 않고
엎드리듯 누워 있다
가능한 삶이 제주 바닷가에 드리워져 있다
하늘 향한 나무를 나무라듯

뜨문 뜨문
듬성 덤성
태풍도 용서한 나무
뿌리째 바람을 맞아들인다

이것이 제주 해녀들의 삶의 모습이다
바다에서 금을 캐고
밥을 캐며 살아온 순응과
모짐을 지켜보며 같이 살아온 나무
나태함을 경계하듯
슬픔을 숨기고 누워있다

우주의 힘을 그려 놓은 지도같이
꼭대기가 없는 바다같이
누워 있다 네가
바다가 다듬어 놓은 아름다움
바다가 있어 우리네 엄마의 삶이 있었지

바다의 그을림과
때로는 숨비소리를 삼켜버린 눈물까지
함내시길
쉬어 가시길
누운 이 나무처럼

존재의 바다가 지어낸 누운 나무
바다보다 한 뼘 높은 나무
그렇게 지켜줘
내 엄마의 바다를

* 숨비소리: 좀녀(해녀)들이 물질할 때 숨이 차면 물 위로 떠오르며 내뿜는 숨소리.

사랑해, 언제든 그 자리에 있을게

1
난 정거장
떠나면 그만인 곳도

정거장은 기억한다
누가 떠나갔는지
누가 다녀갔는지

돌아올 너를 기다리며 난 또 정거장을
지킨다
언제든 오라고
언제든 떠나도 괜찮다고

너를 두고 가도 괜찮아
난 너만 있어도 되니까

내가 사는 방법이야
모두가 떠나도 마음 먼지가 쌓이는 곳이
정거장이니까

2
난 정거장이 없는 사람
정처 없는 반백년을 거닐다
집으로 돌아왔다

다시는 떠나지 않아도 될 붙박이
짐을 풀어놓는다

시소

한입 베어 물어야 맞는 균형

도움닫기

날아오른 건

나

굴려 보렴

아낌없이

하늘을 날고 있는

너를 볼 수 있을 거야

지게

기대 봐요
버팀목에 기댄 짐이 눈물이 됩니다

받쳐 봐요

거대한 산을 업은 나는
사랑이 됩니다

나는 너일 수 있고
너도 나일 수 있는

고마워
항상 곁에 있어 줘서

지금의 네가 물미 작대기
난 너의 지게 바지게

고생했어
날 업고 사느라

조금만 견디자

곧 쉴 수 있을 거야

* 물미: 지게 작대기 끝에 붙어 있는 쇠.

* 바지게: 지게에 얹어 놓는 채.

43년

내 말 한마디에 히죽히죽 웃는 바보
바보야
그건 사랑이 아니고
"욕이야" 하니
"그럼 당신은 바보 각시네" 한다
오늘은 맑음
아직도 내일은 알 수가 없다

해바라기

해^바라기 남편
한쪽만 바라보다 기울어진 고개
절대 뒤돌아 볼 수 없게 되었다
미소 뒤의 딜레마
"너라서 웃는다"는 사람
믿어요
말아요?

더럭비

깔깔깔깔 깔
물에 빠진 생쥐가 따로 없다
헛^똑똑이
비오니 널지 말라는 각시 말 듣지 않고
마당 한가득 양파를 널더니
소나기가 훑고 지나갔다
이 판에 웃는다며 꼴부리는 남편
'돌패기 아들'
어머니가 계셨으면 들었을 욕
그게 더 우습다

---

* 돌패기: '돌처럼 단단한 아이' 등을 뜻하는 제주 방언.

매듭

우리 이대로 사랑하기에도 짧은 시간
이제 하루가 멀다 하고 찾아오는 불청객
어느덧 가까이 온 늙음이라는 이름의 노인
내 것이 아닌 양 살았던 젊음이라는 이름의 결기
자신의 이름표를 읽지 못한 주름
어느 날
뜻밖의 자신 닮은 노인이 있음에 놀란다
열심히 너라는데
나는 아닌 듯한
다시 씻고 봐도
다시 닦고 봐도
맞는데
하---
언제 여기까지 와 있었지?
어느 세월에
왜 몰랐지?
항시 붙어 살았었을 텐데
이제나마 동여매보자
구순에 바라본 구순은 이순 닮아있기를 바라며

해로

같이 했다는 것은 축복이다
그 중간쯤에 정박할 수 있어서

같이 걸었다
드디어

우리도

옆구리 쿡쿡 찌른다
얼마 안 남았다고

혹자는 말하더이다
딱 하루만 더 살겠다고

이별은 하루로 족하다며

문풍지

앞뒤 없이 바람 샐 틈이 없습니다
마음 하나가 공간을 채워
북풍한설이 물러갔고
꽉 찬 공간은 흔들림이 없어 정적에 들었습니다
휘적이는 것은 이 방의 주인인 저 뿐입니다
멸균된 패러독스가 우리를 하나이게 합니다

추위가 밀려났습니다

둘러쳐 준 그의 마음이 사랑입니다

부처

첫사랑의 그 사람은 떠났지만
마음의 거리는 내 주위에서 맴돌던 사람
어느 날 그 향기가 문득 느껴지던 날
돌아보니 그 사람이 옆에 와 있었습니다
고목에 꽃 피듯 그가 뱅긋이 웃고 있더군요

그날은
웃고 있는 그가 왜
그러도록이나 울고 있는 모습으로 비쳤는지가
의문입니다
빈자의 마음에 남은 한 가닥 소망 같은 연민이
연꽃처럼 피어올랐습니다

그를 알고 나를 알게 되었습니다

그가 내게로 와 다시 내가 되어 주었습니다

나팔꽃

난 너의 소리를 들어본 적이 없어

그래도 넌 나팔꽃

네 소리가 없어 사람들이 좋아하나 봐
우리 마당을 뒤덮은 너
이제는 듣는 너의 소리만 전할게
너처럼 시끄럽지 않은 소리로

붕어

재미지다
그의 입이

벙긋벙긋
봉긋봉긋

밉다고?
아니 아니

착하다고?
아니 아니

착하다고 해주라

네 입이 예뻐지면
네 말도 착해질 테니

제주 보름달

달이 들여다봅니다
나는 너를 다 알 수 있다며

그럴 밖에요
손금이 다 보이니

얼른 주먹 쥐어 봅니다

어?

나도 다 알 수는 없구나 하면서
얼른 구름 뒤로 숨어 버립니다

헤~

미래

먼 먼 미래를 꿈꾸며
과거를 끌어다 오늘을 쓰겠습니다
돌아보니 발자국이 남아 있었습니다
다행히

어제의 내가 오늘이 되었고
오늘의 내가 내일 앞에 앉았습니다
참 신기하죠
어제가 남아 있었다니

두근거리는 가슴으로
처음 만나는 사람처럼

다시 사랑해 보겠습니다

지난 모든 역사를

새로이

2부

신의 문

바다의 마음

밤새 뒤척이는 소리
받아 적지 않는 소식을 나무라듯 잠을 두드린다
자신만을 닦기 바쁜 달
말이 없다
바다만이 바쁘다
보아 달라는 듯
들어 달라는 듯

세수 끝낸 달이 떠나고
그제사 바다가 깨어난다
아무 일 없었다는 듯 흔들림이 없다

꿈이었었나?
분명 신음소리가 들렸는데

낮달

신이 잠시 혼이 나가셨나 보다
결코 검어질 수 없는

밤이라 검던가
숨길 수 없는 전라全裸

비운 존재감
너답다

검은 천당

천당에 검은색이 있다면

제주 비 머금은 돌담

제주 비 머금은 돌담은

씻어도 씻어도

천당 색이다

나는 매일매일을 천당에 둘러싸여 산다

우리 집 담도 천당 색이다

우리 밭담도 천당 색이다

산담도

제주는 전체가 천당 색이다

흑룡만리

* 흑룡만리: 제주의 돌담을 이어 붙이면 만 리가 된다 하여 붙여

진 이름.

돌

돌 하나로 정원이 마감되는 제주
현무암

용암의 비밀을 간직한

구멍 쑹쑹
트이고
비틀어진

할 말 많은 돌

어느 자리에 있어도
제주다운 돌

돌돌 돌돌
김밥 말린 돌담

보고만 있어도 배부르다

배불러
눌러 앉은 제주

제주를 머리에 이고 잠들다

제주 올레

길 안의 집
길 끝의 집

길 아닌 길 같은 길

그 끝에 있는 집에
오늘도 두어 팀의 관광객들이 호기롭게 든다
"어? 길이 아니네?"

일러주지 않아도
알아서들 되돌아 나가는 길

제주의 삶이 선순환을 일으킨다

가루비

제주에만 사는 돌 트멍 가루비
하루살이보다도 짧은 휘몰이 장단
보고 싶다 하여 볼 수도 없는
오란다 해서 찾아와 주지도 않는 방랑자
한라산, 백두산이 열리듯
있는 듯 없는 듯 다녀간다
바람을 안고 사는 비
오늘은 바람이 집 나갔나
오늘 맘
내린 맘
새색시 기침소리마저 감췄네
마당이 잠들었다

언제 또 오시려나
옷고름 푼 가루비가 지나갔다

* 트멍: '틈새'의 제주도 방언.

제주 거슨새미오름

둘레길 1600m로의 완만한 정상을 허락하
는 오름

어느 순간 그 길도 뒤처진 남편

먼저 가던 그보다
먼저 온 내가 더 슬프다

따라갈까
앞설까

두고 갈 내가 걱정이라던 사람

보일 때까지 기다렸다
걸음을 맞추니 같이 걷게 되었다

* [문학세계사, 「살아 있다는 것이 봄날」, 2024년] 수록작.
(사)대한노인회·(사)한국시인협회 공동 주최 제1회 "어르신의
재치와 유머" 짧은 시 공모전 본심에 선정.

신의 문

밭담 안에 산담
산 자와 죽은 자가 함께 사는 섬

죽음을 입에 달고 살던 저희 시어른들의
삶에 대한 고찰을
제주에 와 살게 되면서야 알게 되었습니다

시집와 처음 받아든 선물이 수의
이건 '부모가 해주는 것'이라던 이해 불가사의

지금 45년째 보관 중입니다

산담 귀퉁이에 열려 있는 틈새 큰 구멍
그건 구멍이 아닌
그 산담의 주인인 신이 드나드는 문이라는 사실에
아연실색하고 맙니다

부모는 죽어서도 자식과 함께 산다

그 신이 드나들 수 있도록 문을 만들어 놓았
다는 것은 경이 그 자체인 것이었습니다

아하
그래서 죽음을 입에 달고 살았고
죽음을 평생을 할애해서 받아들이고 사셨던
이해 불가사의가 풀렸습니다
죽어서도 같이 산다는 믿음
그 믿음이 죽음을 두려워하지 않는 발로였었
다는 것을

지나칠 때마다 경이롭습니다
언제나 산담 위에 걸터앉아
자신들의 자식들을 바라보고 계시는 것 같고
시도 때도 없이 나와 이랑에 앉아
김을 매고 계시는 것 같기도 합니다

그러니 수의가 대수겠습니까

이제 이 문화도 저물어가는 시절
한 인간의 1세기를 눈에 꾹꾹 눌러 담아봅니다

이대로 사라지기만 해야 하는 걸까요
문화재에 이름 올린 무덤을 두고 있는 나라 제주
신의 문은 어느 신도 흉내 내지 못한 득행이었습니다
득도에 이른 삶
삶의 원형들이 보전되고 변해나가는 것은 우리들의 몫으로 남은 숙제이겠지요

* 제주도 지정문화재 가운데 역사시대의 무덤은 7건에 달하고, 모두 도 지정 기념물에 해당한다. 열거해 보면 문경공 고조기 묘·하원동 탐라왕자묘·김녕리 묘산봉방묘·가시리설오름방묘·유수암리 산새미오름방묘·거로 능동산방묘, 그리고 의귀리 김만일 묘역이다.
[출처: 제주학연구센터, 「문화재로 읽는 제주 인물사」, 2022년, 12~13p]

사촌 형님

형님이란다
사촌이라는 이름으로

그래서 좋다
행님이

6촌 7촌도
가까운 사이라나 뭐라나

9촌 10촌도
따지는 제주

이웃도
삼촌 이모라 하네요

얽히고설킨
사돈

촌수를 버리고 하나로 살아온 제주

밭담 안에 산담
죽은 자까지

그 끈끈함을 맛보지 않은 사람은 모릅니다

엿가락처럼 쭉쭉 늘어집니다

결코 끊기지 않고

섭지코지

에덴의 동쪽

제주의 정동진

아담과 이브의 꿈

섭지오름

섭지코지에도 오름이 있다
내 코 높이만큼의

엄마 손길 기다리는 애기같이 앉아 있다

엄마인 나도 네 품이 그리워 오늘도 다녀간다

고마워
언제나 그 자리에 있어줘서

세 번째 제주의 여름

장렬히 내리 꽂히는 태양
이제나저제나 시간이 잠들길 기다려 보지만

끝내 시간은
자기만큼의 시간을 끌고 간다

인내의 시간은 참을 인자 셋을 잠재워 놓고서
야 저물었다
그리 여름을 보냈다 하니
부처란다

시간의 분배는 같아 드디어 가을

4계절 중의 한번
한번 주고 셋을 얻는 삶도 손해는 아닌가 싶습
니다
이제 끈적이지 않는 방바닥에
배를 깔고 엎드려도 보고
돌아누워 하늘을 더 멀리멀리 밀어내어도 봅
니다

청명

그 자체가 주는 상큼함은 망각의 세월을 불러다
줍니다
이만하면 부처의 삶인가 싶기도 하겠는지요

가을의 유혹을 언덕 삼아
여름과 겨울을 버무려 봅니다
여름이 웃어요
미안했었노라고

북살롱 이마고

한 시간에 한 대의 차가 다니는 집
돌아오는 길은 걸었다
시간이 맞지 않아

'끼이익'
택시 서는 소리
타란다
자기도 내려가는 길이라며
가끔 걷는 사람을 자주 본다며

택시비를 드렸다
의도치 않은 일이라며
극구 사양하신다

이건 기사님이나 저나

서로 복 짓는 일이라며 억지로 쥐어 드렸다

책도 길도 인연도 아름다운

선물 같은 하루

이제 나에게도 정거장이 생겼습니다

영갑이 형

김영갑 갤러리 두모악엘 갔어요

그런데 이상해요

그가 두모악에 와 있더라고요?
내가 올 줄 알았다며

우린 울지 않았어요
서로가 서로를 향해 살포시 미소 지을 뿐
"형 바보지" 하니까
"아니라" 하네요
그러면 됐죠, 뭐

제가 그만 가겠다 해도 잡지 않더라고요
그도 그렇게 가버렸더라고요

* '그 섬에 내가 있었네' 「사진·글 김영갑」을 읽고.

군식구

처음에는 여섯 입
놀이터로 변한 우리 집 마당
인기척에 얼어붙는가 싶더니
객쩍은 듯 뒹군다
마치 원래 자기네 집이었었든 양

꽃 속에 숨어드는 놈
경계석 돌 트멍에 머리만 숨기는 놈
한 놈이 뛰니 다섯 놈이 같이 내달린다
저들도 아나?
싸우는 법이 없다

살금살금
정작 내가 낮은 포복을 하고 탐문에 들어갔다

세상에나
만상에나
죽은 새끼를 입에 물고 여차하면 튈 자세로

36 경계령을 발동하고 있다
12 눈동자가 나를 표적 삼고서

양보하자

품자
나도 어미인데

언젠가는 떠날 군식구들

한 모퉁이 기약 없는 전세
우리의 선행이 한 가족을 품었다

잠시 경계를 푼 사이
장례를 치러주었다

곧 어미도 떠나고
형제도 각각 흩어지겠지

동물 법전
제1장
동물은 독립된 개체다

여덟 자식 품었던 우리 어머니
어느덧 어머니 닮아 있는 우리를 본다

백세 꽃

그대 눈에 든 나
저의 풀뿌리 인생이 꽃을 피우려나 봐요
날 알아봐 줘서

눈에 띄지 않았고
뜨이고 싶지 않았고
제자리의 삶을 좋아했었죠

늘그막에 망령이 들려나 봐요
이제야 꽃 피우고 싶으니

한 송이 꽃은 외롭고
무리 진 꽃은 우리를 이루죠
그중의 하나이고 싶습니다

예나
지금이나
앞으로도

아직 30년도 더 남았다

꽃

꽃으로 피어나기도 하고
꽃으로 지기도 한다

한 닢 영혼으로 자신을 휘날리기도 하는
그대 이름은 매화
목숨을 통째로 내려놓는다는
그대 이름은 동백

속지 마라
지는 꽃은 슬프다

잡지 마라
흐드러지게

밟지 마라
스스로를 장사 지낼 수 있도록이

잘게
굵게

다 생명이다
피고 짐이 다를 뿐

속마음

거울 없어 볼 수 없는 너
본다 한들 알겠던가
사람 한 길 마음 속

네게 서린 나를 찾아볼 밖에
언어의 유린
쎄-한 느낌
왜?

쉼표와 마침표의 애상
뭘 말하는 거지?
끊어진 연
이을 길이 없구나

여

마지막 속살을 숨긴 여인
까맣게 태운 너

여늬 예술가도 만들 수 없는 천국의 색
씻어도 씻어도 씻기지 않는

아무 때나 드러내지 않는다
보고 싶다면 썰물 때 오세요

드러난 바다의 제주 천당 색이 저입니다

* 여: 썰물일 때는 드러나고 밀물일 때는 물에 잠겨 보이지 않는

바위.

3부

유토피아

유토피아

육지 안의 섬
머들섬
더할 것도 뺄 것도 없는
딱 고만큼의 섬
거북 등에 얹힌 둥둥섬
나 하나의 삶과 어울리는 섬

제주에만 있는 섬

딱 한 사람 더 들어갈 수 있는 섬

* 머들: '돌무더기'의 제주 방언.

실비

이대로 잠들어도 좋으리
더는 내어주지도 말고

뒤덮인 안개
한라를 잠재우다

짙게 씻기운 녹색

지금 여기가 한라다

비온 뒤 한라산

샤워 끝낸 한라산
참을 수 없는 연민

다 품을 수 없어 난 슬픈데
네 하나쯤이야 한다

눈길 한번
손길 한번 없이 푸르다

나도 나의 일부일 뿐이라며

난 알아

변치 않을 너의 마음을
널 떠나지 못하는 내 마음 같은 것일 거라는 걸

네가 있어
내가 사는

내 생의 마지막
너에게로 갈게

어느 날의 제주 광양사거리

이미 코너를 돌기 시작한 212번

이걸 놓치면 한 시간을 허비해야 한다는
내 주파수가 작동하기 시작했다

212번이 신호등에 걸린다

순간적인 판단

냅다 뛰었다

"헉헉, 코너 도는 모습 보고 냅다 뛰었습니다"
하니

기사님
나의 아래위를 훑는다

젊은이도 아닌 것이
늙은이도 아닌 것이

나만이 느끼는 행복

'아직 살아있네, 후훗'

냅다 뛴 다리가 실하다

어느 날의 오후

당차게 뛰었던 절 보셨던 분들
힘내세요

뛰니까 됩디다

그게 저예요

서서 자는 말 1

누워 자면 안 될까

상상이 안 돼
그러면 일생을 서 있는 것이잖아

그러면 미안하잖아
내 무릎은 굽혀져서

서서 자는 말 2

간혹 누워 자는 말을 본다

누울 수 있다는 얘긴데

신의 법칙도 아닌
자연의 법칙도 아닌

지는 석양의 그림자에는
기도하는 말의 저녁 기도가 그려지고 있었다

* 무리의 우두머리, 아기 말은 누워 자거나 무릎 구부려 쉬기도 한다.

서서 자는 말 3

어느 한 곳을 보금자리 삼아
둘러서서 자고 있는 말들

그 애잔함이 머리에서 지워지지 않는다

왜 세워 놨을까

생명 있는 곳에는 다 뜻이 있다 했거늘

당신의 뜻이 나에게도 있다면
난 슬프다

저들을 서서 재우는 당신의 뜻이

들불 놓기

널 노래하리
못다 한 나의 노래로
누군가들의 흔들리던 그 미지의 노래들까지도

죽어 다시 피어나도
또다시 흔들리는 억새가 되리
못다 한 마음 아직도 흔들리고 있노라

기어이 버리지 못한 미련

이야기하게나
이제는 자네가 흔드는 대로 흔들리겠노라고
색마저 벗어 버린 너

억세게 운이 좋은 놈
결코 죽지 않는다
불을 놓아도

기백

겁내지 마라
어둠이 가면 아침이다

드디어 떠올랐다
해가

백일천하에 드러났다
밝음이

남자의 눈물

남자도 우는구나
50년 만에

남자도 아는구나
힘듦이라는 태산을

다행이리

반세기에 꺾였으니

그래 이제 반은 성공이야
아직 반이 남았으니

통풍

스치는 바람에도 아픈 사람이 있다
그대
아프게 하지 말지니라
걸어가게 이 사람아
바람으로 사람을 아프게 하다니
쉬어가게
땀 닦고

흩날려 버리게
까짓 거
가진 건 바람뿐이니
자네만이 할 수 있는 사랑이 있지 않은가
일어설 수 있도록 도와주게나

쉰 바람이 좋다

그 수고함에 대하여

하나님도 울고 싶어 비가 온다

바보야

그건 하나님이 우시는 게 아냐

네 눈물 숨겨 주시는 거지

울어

실컷

하나님이 안아 주실 때

환경대사

마을 뒷산 산책길

새 한 마리 나뒹군다

날아보려
퍼득 퍼득인다

끝내 날지 못하고 이내 숨을 거둔다

하필이면 내 손안에서...

묻어주고 돌아서는 길

미안했다
왜 죽게 되었는지

꽃샘추위

잠시 멈춰버린 겨울
기다려 봐

곧 돌아올 거야

나의 다음 생은 봄이거든

다랑쉬오름에서 바라본 오름들

쑥-대-머리이
오선지 없는 완창가
장단 없는 음계가 누워있다
솟아오른 젖가슴에 심장의 태동소리가 고동친다
원류를 찾아 사람들이 오르고 또 오른다
어머니의 성城
생명을 품은 섬나라
어머니의 문은 잠기지 않는다
집 나간 자식이 돌아올 때까지
엄마는 언제나 그 자리에 있지
젖줄을 찾아 스멀스멀 기어오른다
뭇 생명들까지
영문도 모른 채

어느 날의 제주 신양리 해수욕장의 봄 바다

4/30 썰물
드러난 해변

말도 달리고
강아지도 달린다

저들이 달린 건 봄이다

겨울에는 보지 못했던

1등으로 달린 말은 끝까지 1등으로 달린다
뭘까

자세히 보니 자세가 다르다
달리는 모습에 흔들림이 없다

화살이 날아가듯 내달린다

2등은 마음은 앞서고

3등은 몸은 따라 주지 않고

4등은 마음과 몸이 요동친다

1등은 곧은 자세가 주는 기막힌 기법이다

처음으로 나를 보는 듯했다
내 등은 곧거든

강아지는 또 어떻고

참을 수 없다는 듯 신음 소리를 내더니
주인보다도 먼저 바다를 향해 내달린다

바다가 아니었으면 바다 좋은 줄 어찌 알았으리
날쌘돌이가 따로 없다

어디에서 저런 힘이 나오는지 모를 정도로 튄다

기어이 날고야 만 인간처럼 내달린다

이착륙을 끝낸 비행기처럼
자신의 욕구가 다 해소되었다는 양
뒤도 돌아보지 않고 유유히 사라진다

말의 숙명은 달리는 것이었다면
너에게도 그런 힘의 욕구가 있었다는 게 신비롭
구나
생에 최초 바다를 사랑한 강아지가 너로 기억될
것이로구나

나도 너만큼은 달려보리

바다의 말

있어야 할 바람이 없고
있어야 할 고요가 없다

물결이 먼저 밀려오며 경고음을 낸다
시시각각 태풍이 다가오고 있다며

뒤틀려질 자신을 경계하며

태풍은 자신의 마음이 아니라며

나를 만든 건 내가 아니라며

그래서 나도 우는 거라며

자신보다 바다가 먼저 운다

나도 나를 몰라 우는 바다

나도 몰라
네가 왜 우는지

무제

1
검다는 천형
흉조?
내 눈에는 모두가 파랑새야
파랗다는 이유로 파랗게 보이는 건 아니라잖아?
안경을 벗어봐
세상은 밝아

검은 게 나야
내 피는 붉어
이름이 까마귀일 뿐

2
꿈틀대는 지렁이에게서 난 생명의 태동을 느껴
간혹 말라죽어 있는 너를 만날 때면
타는 목마름을 느끼지
자글자글 태양이 앗아갔을 형刑
하나님도 오판을 하시나 봐 가끔은

가던 발걸음도 멈추고
너의 집으로 돌려보내 주잖아 내가
그냥 음지에서 살아
음지에서의 넌 유익한 생명이잖아

3
시가 주는 물음이다

눈으로 쓰고 마음으로 읽습니다

4부

시詩몽

깜박 잠

3월인가 하였더니

하얀 12월

눈뜨니 성산포 신양리

참 기이타

고향이 바뀌어 있었다

울컥

여긴 엄마가 없다

시詩몽

詩詩詩詩한 詩가
별처럼 내리는 밤

난 별이 된다

속된 나를 삼켜버린 달이
웃고 있다

부처 하나 던져 놓고

현세라면 깨어나고
꿈이라면 잠들어도 좋으리

능소화

오르기를 멈춘 사람

내려놓음으로써 아름다운 그대

동전이 돌다 멈춘다

별빛 때문에 어둠이 화려하다

우체통

난 오늘도 편지를 부친다

어제의 나에게
내일의 너에게

흐린 기억은 어제에 잠들었고
내일의 난 깨어 있을까

어제의 나와 함께
내일의 너에게로 갈까 해

어제 못다 한 마음
내일은 할 수 있을 것 같아서

오늘도 빨간 오토바이 아저씨를 기다린다

네 마음이 도착할까 하여

인생

엎치락뒤치락
자신의 자리를 지우고 떠나는 구름
어제의 그가 떠나도 하늘은 말이 없다
아무 일 없었다는 듯
무심함도 잊은 채
하늘은 지우고 또 지우고 있다
비워줘야 함이 마땅한 이치
그래도 남는 미련
그렇게나 흔적조차도 남겨주지 않다니

사랑

네 마음 있는 곳에 내 마음도?

내 마음 있는 곳에는 네가 있지
항상

언제나
한 번도 빠짐없이

그 네는 너야

나도 너의 너 이길 바래
항상

언제나
나처럼

기다릴게
너는 아니라면

기다림도 사랑이니까

가假꽃

너무 사랑하다 앞서갔습니다
가을이 손절합니다

과꽃은 봤어도
가꽃은 보지 못했다며

가을을 사랑하다
가꽃이 된 여인

잊힐 즘 잊으라
가꽃으로 살겠습니다

그렇게
잊힌 듯 잊히고 싶지 않은 여인

아직은 몰라요
제 이름이 무엇인지

단풍

천년 가을이 빚어낸 색

한 번은 내 세상으로 피어나도 좋을

노란 은행잎
빨간 낙엽
청록빛 비취를 어느 한켠에 숨겨도 좋을

천의 얼굴로
물들이다

사람

자당自當의 수인번호
살아있는 미륵이 밀어 올린 업

* 자당自當: 스스로 맡아서 하거나 부담함.

[출처: 국립국어원 표준국어대사전]

바람

가면 다시 오지 않는 너
다시 찾아 주는 것도 너

바람이 멈췄다

너도 휴식이 필요했었구나

오늘의 일정

장화를 신고 우비를 걸치고
우산을 쓰고 길을 나섰다
정류장에서의 원맨쇼
우비를 벗어 빗물을 털고
우산을 접어 세워 물을 흘리고
장화를 벗...
헐
빗물에 젖어 빠지지를 않는다
엄마 젖 내 젖 있는 힘 다 써
드디어 탈신
고인 물을 쏟고
새 물을 받아 헹궈 엎어 놓고
발을 씻으려는 순간
헐
하얀 속살의 출현
예쁘네?
예뻤었나?
그제야 보였다

내리 꽂히는 12 눈동자들이

무사히 승차
고고 씨잉---

버스 안에서

하늘을 봐요

창밖을 봐요

제주가 유혹하는데

당신은 강심장
그 유혹을 이겨내다니

제주의 봄이 지고 있습니다

당신이 보아 주지 않아서
당신이 만져 주지 않아서

다음 봄에는
우리 꼭 사랑하기로 해요

eye contact
touch me

조릿대

하나하나의 소리가 빚어낸 떼창
하나의 소리보다 큰 소리
하늘 높은 소리
꺾인 줄 알지만
낮은 너의 모습
나를 보는 듯하네
떼창
그중에 하나는 분명 내 소리일 것이잖아
나도 내 소리를 안고 사는 사람이야
튀지 않아 더 아름다운 하모니
어깨를 펴
그 어떤 태풍에도 너의 바람은 흔들리지 않잖아

고요히
조용히
떨쳐낼 뿐

주술

난 예쁘다
난 잘 생겼다
난 착하다

난 못나지 않았어

난 예쁘지도 않지만
밉지 않으려 노력도 했었던 사람이니까

미운 건
못생겼다는 말은 아니겠지요?

그러고 보니
다 가졌네요

밉지는 않으니

미운 건 싫다는 것이고
밉다는 것은 시각의 차이일 뿐일 테니까요

맞나요?

그래서 살아요
밉지는 않아서

드디어 주술에 성공하는가 합니다

너의 눈물

그래

있어

분명

너의 파랑새

이제야 알겠어
네 눈물의 의미를

수직 낙하
스러져가는 빗방울

어제를 씻어
바다로 흘러흘러 보내는

그래

태평양 대서양 인도양에서 다시 만나자

비상을 위해

지구

묵언수행
말 뒤에 숨은 너의 모습

오늘은 미움인가 싶으면
어제는 무엇이었던 걸까

몰랐어
너도 할 말이 많았다는 걸

눈물 한 방울이 너라는 사실도

네 눈물 하나가 터지면 우린 어찌할 수 없다더
구나

우리는 어디 만을 보고 있는 걸까

들어보자
실바람 쉰 바람 태풍

보자
아기 눈에 비친 너의 모습을

사랑한다잖아
지구가

우리를

도서관 컴퓨터 앞에서

안 되는 게 왜 이렇게 많아
이건 뭐고
저건 뭐야

잘못 든 길은 봤어도
사각통에 든 내가 갇혔음이다

미로보다도 복잡 다난한 길

젊은이 눈에는 별천지

안 되는 게 없네

이건 이러면 되겠습니다
저건 저러면 되겠습니다

다 큰 어른에게서 배워 무사히 출력을 했다
참 예쁜 세상을 만났습니다

'이인증' depersonalization, 離人症

어제의 너
오늘의 나

쓰는 건 나지만
쓰이는 건 너 같은

네가 둘로 보여
나처럼

너 역시
또 하나의 네가 저만치 있는 것 같은 느낌?

그래도 시인이 되어보고 싶다

5부

민들레 여행

아이 시선

고개를 기울인 아이가 있습니다
세상이 누웠다고 좋아라 합니다

가끔은 누워볼 필요도 있겠더라고요
정말 편합니다
높지도 낮지도 않은 평면

빌딩이 누워 말합니다
"진짜 편하네"
나도 서있지 않아 좋다며

아이의 시선이 평이합니다
세워줘야 할까요
말아야 할까요
기운 축이 안타깝거든요
넘어질까 하여

그냥 스스로 빌딩을 세울 때까지
기다려 줄까 합니다

우리에게도 피카소가 있습니다

민들레 여행

이미 넌 너인 거야
네가 날 밀어냈다는 것은
그걸 네가 알아주었으면 할 뿐이구나

수많은 인연 중의 하나라 할지라도 우린 참
괜찮았지?
더 많은 인연이 지어지고 지워지게 될거야
복되기를

우리의 이별은 이미 시작되고 있었어
너 한번
나 한번

무에 이별이 좋아
불고 또 불었을까

우리의 잘못이 아니었어

이미 바람을 안고 멀리멀리 가려 했었던 게야

너는 거기에

나는 여기에

아픔이 아닌

스스로 빛나기 위한 바람 여행

나는 여기서 꽃피울게
너는 너의 거기서 꽃피우렴

시간 여행을 거슬러 찾아갈게

꼭 기억해야 해
날 뽑아 바람 분 건

너 자신이었음을

무궁화 꽃이 피었습니다

창진이 꽃이 피었습니다
우근이 꽃도요
웅이 꽃도 손 내밀었습니다
내 꽃도 피었다고

꽃이 커졌습니다
마음 밭 사랑이 꽃이 되었다고

창진이가 자기 꽃을 들고 웃습니다
우근이도 자기 꽃이 더 예쁘다 하네요
웅이 꽃이 가만히 있겠습니까?
소리 지르지요
내 꽃이 제일 예쁘다고

삐친 꽃이 말합니다
내 꽃도 예쁘다고
하긴

돌아보니 다 예쁘네요

꽃이 꽃이 되니 다 예쁠 밖에요

무궁화 꽃이 피었습니다
와~~~아
모두가 달아납니다
와~~~아 꽃이 되어

사랑할 밖에요

타산지석

나를 깎아 태어난 너
원석보다 아름다운 너

네가 보석이야

물바람

기억 저편의 생명수

엄마
나의 모태

다시금 밟아보는 곤 모래
자궁의 깊이만큼 곱다

한 발, 두 발

작은 물바람에도 나의 발자국은
흔적도 없이 쓸려 나간다

다시금 찍어보는 발자국
그래도 어머닌 가버리신다

날 홀로 두고

사랑이 있었음을

자신을 까맣게 태우고 나서야 눕는 심지
하얀 밤이 까만 밤이 되도록이 굳어버린 심정지
지구는 도는데 그는 멈췄다
누군가의 가슴에는 꺼지지 않는 잿빛이 되어

잠시 자신의 자리를 비워줄 뿐
그 불빛이 다시 주변을 살필 때
거기에 있는 당신을 보게 될 것입니다
어머니

거기에 사랑이 있었음을

사만이
(멩감본풀이)

절대 그냥 넘어가는 법이 없습니다
하나 주면 둘 주는
둘 주면 하나라도 꼭 되돌려 주는
당황스러웠습니다
왜 꼭 그러시는지들

알고 보니
몸의 노동이 재산인 것이었습니다
몸이 밥이요
노동이 법이었던
현자들의 삶이었습니다

그 수고로움을 알기에
'공짜로는 절대 먹지 않겠다'는

신이 곧 법이었던 사람들
저승차사께서 이르시길
"공짜로 먹은 것은 목에 걸린다" 하셨다 하니

제 목에 걸리지 않겠다는 '나눔'이 요체인
것이었습니다

시간이 흘러 신은 돌아가셨지만
왜 그렇게 되었는지는 아무도 모른 채

그것이 곧 삶의 진리가 되어 있었습니다

자식 집에 오셨을 때도 꼭 쌀값을 내시던
어머니
자신들의 장례비마저 준비해 놓고 돌아가셨던
분들
제주에서 나고
제주에서 자란
당신들의 삶이 곧 신이었습니다

'물로야 뱅뱅 돌아진 섬'

갈 곳도
돌아설 곳도
도망갈 수도 없는

없는 것도 만들어서 살아내야 했었던
오로지 신이 법이고 하늘이었던 사람들

물로야 뱅뱅
한번 멈추어 보지도 못한 채 살다 돌아가신
내 어머니

* 사만이: 제주 무속신화 '맹감본풀이'의 주인공.
* "공짜로 먹은 것은 목에 걸린다": 그 신화 속 저승차사들이 하는 말로서 '세상에 공짜는 없다'는 뜻.
* '물로야 뱅뱅 돌아진 섬': 제주 민요 '이어도사나소리'에 나오는 가사로서 '사방이 물로 둘러싸여 있다'는 뜻.
* 참고 자료: 김순이, 「제주신화」, 여름언덕, 2016년, 183 ~ 192p

버스 승차

내 아버지 살았으면 저 모습이셨을까
버스 난간 발 하나를 얹지 못한다

이게 싫어 일찍 가셨나
아

아버지

말이 없으시다
앞만 응시하실 뿐

어딜 가시나
저 몸으로

아버지를 차에 두고 난 먼저 내려야 했다
말을 걸 수도 없으니

가시는 곳까지 부디

안녕히

공

공이 둥글다는 것은
모서리가 없기 때문입니다

서로가 서로를 찌르지 않아 좋습니다

서로가 서로의 얼굴을 부비는 모습입니다

바람 빼지 마셔요

꽉 붙들고 사셔요

공이 찌그러지지 않는 것은
가득 차 있기 때문입니다

Live

있으니
있어서
모른다

당연하여

제주 달이 너무 밝다

서울의 달은 잘 있는지

제주가 아름다운 건
설명할 길 없는 미적 한 폭의 예술

어느 천국의 한 조각을 삽으로 푹 떠
바다 한가운데에 띄워 놓은 듯한 천국

달려도 달려도 제주는 원점이다

이 생

저 생

이 삶 이대로 잠들어도 이대로가 천국이다

하나

혼자인가 하였더니

어느 결엔가 갈라지는 두 그림자

알 수 없다

그림자가 둘이라니

또 하나의 자신을 데리고 사나?

그럼 마음도 둘?

같은 둘인가, 다른 둘인가, 답하라

우린 둘인데요

아하

두 사람이었군요

결코 떨어지지 않는다

그림자가 오체투지 시샘을 부려도

다시

하나 된 두 사람이 걸어가고 있다

제 남자가

하늘색 청바지를 사 달라 하네요
짙은 청바지가 싫어졌다며
흘려들었는데
하늘색 하늘색을 연호합니다
청바지를 찾는 건지
하늘을 찾는 건지
전에는 보지 못했던 현상입니다
청춘을 입에 올리기 시작하더니
청춘을 잡고 싶은 심정인 것인지
묵은 때가 지워져 가는가 싶은 것인지
하늘을 바라보는 것 같기는 한데
하늘을 닮고 싶어 하는 것 같기는 한데
마음이 맑아지는 것 같기는 한데

짠합니다

노인이 된다는 것은 어떤 마음일까 궁금합니다
저도 이미 노인임에도 불구하고

앞선 자의 마음에서 위안을 받습니다
마음이 다시 푸르러지고 싶다는 것인지
맑게 채색되어 가는... 시간
늙음과는 무관한 마음이 이어져 가고
있는 것 같기도 하고요
제가 하늘이 되었나 봐요
저만 보고 졸라요

하늘색 청바지 사 달라고
하늘색 청바지
하늘색 청바지
언제 갈 거냐 하네요
하늘색 청바지 사러

수목장

널 위해서라면
한 그루의 거름이 되리

넌 모를거야
네가 나의 그늘이 되어줄 것임을

너의 시간이 나를 덮어줄 때
내가 따뜻해지게 될 거니까

고맙지
내가 너의 거름이 될 수 있게 해주어서

너의 나무 아래 날 뿌려주렴

네가 세상을 따뜻하게 해줄 것임을
나는 믿어 의심치 않거든

된장국

할아버지,
후루룩
어~~~ 시원하다

손주,
후루룩!
앗 뜨거

할아버지
왜 거짓말하세요

손주에게는 닭똥 같은 눈물 맛

한국인만의 입맛

후루룩

된장국만이 낼 수 있는 맛

해보세요

서양 국물은 이 맛이 안 나요!

희망

운무의 무게에 눌려 잠든 바다
바람마저 잠들었다
폭풍전야
머리카락 한 올이 눈 앞을 스치운다
주시하라
나비의 날갯짓을
천지가 문을 연다
태양이 떠 올랐다

그의 사랑

그의 소리를 들으려 하지 않았습니다

아니
그의 소리가 있는 줄도 몰랐습니다
소리에는 내 소리만 있는 줄 알았지

알고 보니
그의 소리는 저보다 더 애절했습니다
그래도
그는 말이 없었습니다
그저 기다려 주기만 하였을 뿐

그것도

온화한 미소와
밍밍한 시선으로

사랑이 그렇게 그곳에 있었다는 게
신선했습니다

사랑은
그냥 그 자체가 사랑인 것이었습니다
주는 것만이 사랑이고
받는 것만이 사랑이 아닌

그냥
사랑 속에 담겨 있으면
그게
사랑이었습니다

말하지 않아도
들으려 하지 않아도
그게 사랑이면
그냥
사랑인 것이었습니다

트랙

원형의 트랙에 갇힌 사람들
뛰지 않고는 숨 쉴 수조차도 없는

알 수 없다
무엇이 나를 뛰게 하는지
"당신은 나이도 생각 않느냐"는
남편의 타박을 메아리로 흘리고 싶은 이유를

가지 말라던 님은 가고
오지 말라던 흰 눈은 머리에 앉았다
심장은 뛰는데 발걸음은 더디다

아
그랬어

아직은 보내고 싶지 않은 내가
똬리를 틀고 있었던 게야
나 싫다고 이미 떠난 줄도 모르고

박수 칠 때 떠나라

어쩌지
아직 박수 한 번 받아본 적 없으니

가보자
아직은 심장이 시키는 대로

두고 가는 별

떨어질 때도 빛나는 별
별똥별

넌 영원한 나의 별

내 가슴에 콕 박혔던 너
너 땜에 살았어

내 속에서 항상 넌 날 빛나게 해주려
애썼었거든

그래서 살았어

그렇게 난 너에게
그런 별이고 싶었었지

떨어질 때도 그렇게 빛나는

그 별

내가 가지고 갈게

필요할 때 너도 언제고
꺼내 써도 돼

그 별은
너의 것이었으니까

그렇게 난 너의 별이고 싶었고

그렇게 난 너에게 하나의 태양이고
싶었었지

별을 닮은

시간

가을이 잠들었네
어제의 자신을 벗고

젊음도
늙음도 다 내려놓은 듯한

남은 갈색 조망

너도 그렇게 나이 들어 가는가 보구나
단 한 번의 거부감도 없이

모두가 굳건하다
흰 눈 맞을 채비로

반은 버리고
반은 남긴 가지

덕분에 빛의 위로를 받는다

우거졌던 숲속에
빛이 대지를 품는다

사진 출처(원본)

〈표지〉

· 표지, 책등, 날개 그림: Veris Studio/stock.adobe.com

〈본문〉

· 누운 나무 외: 윤 여, 강용혁